AF463275

ENSEIGNEMENT MUSICAL

MODÈLES
D'ÉCRITURE MUSICALE

pour

APPRENDRE LES SIGNES DE LA MUSIQUE

par

A. M. AUZENDE

L'Ouvrage complet en 6 Cahiers. – Chaque Cahier, Prix : 0,50

PARIS. — LÉON GRUS, ÉDITEUR PLACE SAINT-AUGUSTIN

Cahier N° 6 *appartenant à M* ……………………………………

Imp. E. Delay, rue Rodier, 49.

LES GRANDS MAITRES CLASSIQUES

Transcriptions simplifiées pour Piano

1. Les Moutons, Gavotte .... MARTINI
2. Tambourin .... RAMEAU
3. Rondo Turc .... STEIBELT
4. Menuet de la Sonate en *sol*, Op. 49 ...... BEETHOVEN
5. La Matinée .... DUSSEK
6. Menuet du Bœuf .... HAYDN
7. Sérénade et Ave Maria .... SCHUBERT
8. Deux Nocturnes .... FIELD
9. L'Adieu .... DUSSEK
10. Menuet .... BOCCHERINI
11. Mazurka, Op. 7 .... CHOPIN
12. Rondo Turc .... MOZART
13. L'Orage .... STEIBELT
14. 1er Morceau, Op. 27 .... BEETHOVEN
15. Caprice, Op. 16 .... MENDELSSHON
16. La Truite et Barcarolle .... SCHUBERT
17. Rondo, Op. 24, Sonate *fa majeur* .... BEETHOVEN
18. Marche funèbre .... CHOPIN
19. Nocturne Op. 55, N° 1 .... CHOPIN
20. Rondo Capriccioso .... MENDELSSHON
21. Valse, *la mineur* .... CHOPIN
22. Marche nuptiale .... MENDELSSHON
23. Valse, *ut ♯ mineur* .... CHOPIN
24. Chanson du Printemps .... MENDELSSHON
25. Nocturne, Op. 9 .... CHOPIN
26. Le Croisé .... WEBER
27. Valse, *mi ♭* .... CHOPIN
28. Adagio concerto, *mi mineur* .... CHOPIN
29. Sonate, Op. 79 .... BEETHOVEN
30. Final concerto, *mi mineur* .... CHOPIN

Chaque, prix : 4 francs

F. FAUGIER, l'auteur de cette édition très soigneusement revue et doigtée, s'est tout particulièrement attaché à respecter l'œuvre du maître et n'y a apporté que des modifications de mécanisme pour en faciliter l'exécution.

Transcrivez les huit premiers modèles de ce cahier, de la manière suivante:
1º *Une fois*, en clé de sol. – 2º *Une fois*, en clé de fa. 1

(1) Dans la musique écrite *à la main* il est plus facile de faire toujours les queues *à droite* des notes.

2

4

5

6

6

7

8

Transcrivez textuellement les modèles suivants.

(1)

(1) Veiller à ce que les notes soient placées très exactement les unes au-dessous des autres.

10
tr

11

12

6

13

14

16
MOZART.

BEETHOVEN. 17

6

18
CHOPIN.
etc.

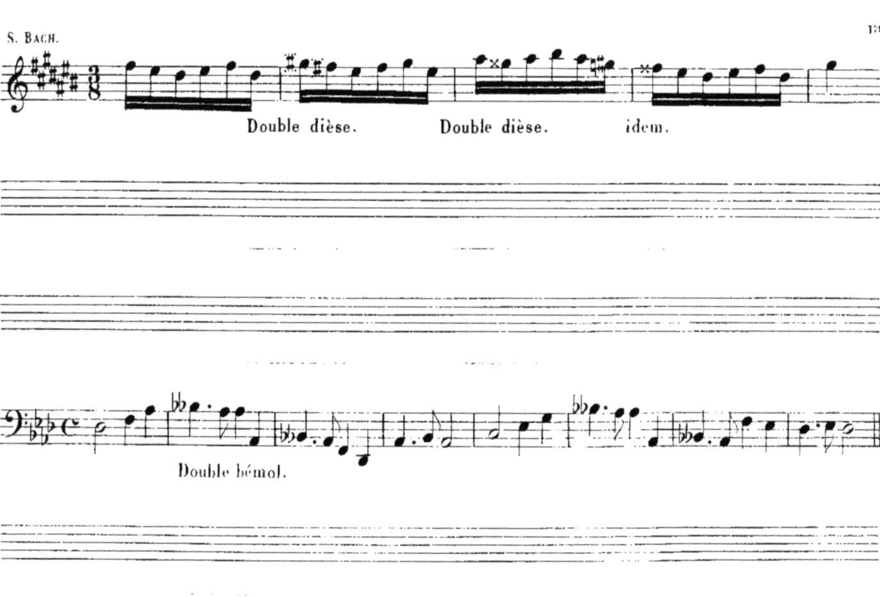
S. BACH.
Double dièse.
Double dièse.
idem.
Double bémol.

8va bassa

OUVRAGES D'ENSEIGNEMENT

MÉTHODES DE PIANO

BOHLMAN-SAUZEAU. Méthode pour les enfants . 12 »
CONCONE (J.). Op. 47. Méthode élémentaire.... 12 »
DUVERNOY. (J.B.) Op. 137. A B C du pianiste, méthode élémentaire in-4°............... 12 »
Le même en petit format in-8° net...... 3 »

ÉTUDES POUR LE PIANO

BILLARD. Petites Études mélodiques............. 12 »
— L'heure du matin. Exercices et Gammes 25 »
CONCONE. (J.) Op. 24. Études mélodiques....... 12 »
— Op. 25. Études de genre et d'expression 15 »
— — 30. Etudes chantantes............ 12 »
— — 31. Études de Style.......... ... 12 »
— — 37. Préludes dans tous les tons ... 9 »
— — 44. Études expressives........... 12 »
— — 47. Études élémentaires.......... 9 »
— Op. 57. Études sentimentales sur des mélodies de Fr. Schubert............ 15 »
— Études brillantes .... 12 »
DUVERNOY. (J.B.) Op. 120. École du mécanisme ; Études faciles de la vélocité......... 12 »
— Op. 137. Études élémentaires .... 6 »
— Op. 176. École primaire, études faciles 12 »
— Op. 240. n° 1. Gammes harmonisées. 12 »
— — — n° 2. Exercices journaliers.. 12 »
— — — n° 3. Études spéciales...... 12 »
— Gammes et arpèges dans toutes leurs positions....................... 12 »
— Op. 263. Etudes d'agilité............ 12 »
— Op. 276. Etudes préparatoires de la vélocité......................... 12 »
— Op. 298. Etudes progressives pour les petites mains.................... 12 »

ÉTUDES POUR LE PIANO (suite)

DUVERNOY. (J.B.) Op. 299. Etudes moyenne force. 12 »
— — 300. Etudes caractéristiques 12 »
GARNIER. (E.) La Lecture musicale, 30 pièces artistiques variées dans tous les tons... 30 »
GRAS. Préludes dans tous les tons............. 7.50
HERX (H.) Gammes et Exercices................. 9 »
LE COUPPEY. (Félix) Op. 5. Etudes de salon..... 10 »
— Op. 6 Etudes expressives.......... 10 »
— — 7 — chantantes.......... 10 »
— — 10 — primaires .... 10 »
LEFEBURE-WELY. Etudes de salon.............. 15 »
MARMONTEL. Op. 9. Etudes spéciales et progressives 12 »
— — 25. — caractéristiques .... 25 »
— — 45. — d'agilité et d'expression 20 »
O'KELLY. (J.) Etudes de salon.................. 12 »
PRUDENT. (E.) Op. 16. Etudes de genre......... 20 »
PHILIPOT. Etudes de style..................... 30 »

ÉTUDES A 4 MAINS

pour le Piano

CONCONE. Op. 38. Etudes dialoguées........... 12 »
— — 39. — de salon.............. 15 »
— — 40. — caractéristiques .... 12 »
— — 45. — d'expression .... 15 »
— — 46. — élémentaires.......... 12 »
— — 47. — — 9 »
— — 58. Etudes dramatiques sur des mélodies de Fr. Schubert .... 15 »
DUVERNOY (J.B.) L'Emulation, études faciles ... 12 »
— Op. 258. Etudes faciles et dialoguées.. 12 »

SOLFÈGES ET VOCALISES

ARTAUD. Solfège universel, leçons par les compositeurs célèbres, net................ 8 »
— Le même autographe, à changement de clefs........................... net 12 »
MARCHESI. (M.) Méthode de chant théorique et pratique, Op. 31. net 15 »
— Op. 30. Vocalises p^r Soprano ou Mezzo Soprano......................... 25 »
— Op. 29. Vocalises pour Mezzo Soprano ou Contralto....................... 25 »
DUVERNOY. Solfège progressif................ net 3 »
MARMONTEL. Op. 7. Grammaire musicale et populaire........................... net 2 »

TRAITÉS D'HARMONIE

MONCOUTEAU. Traité de contre-point et de fugue net.............................. 3 »
— Exercices harmoniques et mélodiques.................... net 3 »
— Manuel de transposition musicale. 2 »
— Recueil de leçons d'harmonie, net 2 »
— Résumé des accords appliqués à la composition............... net 2 »
— Traité d'harmonie contenant les règles et exercices nécessaires, net........................... 5 »
— Traité d'harmonie élémentaire.... 2 50

ÉTUDES POUR LE VIOLON

HERMAN (A.) Études de style :
— 1er Livre. Études élémentaires...... 12 »
— 2e » » chantantes........ 12 »
— 3e » » progressives....... 12 »
— 4e » » artistiques........ 12 »

Toutes ces études sont avec accompagnement d'un second violon.

ÉTUDE COMPLÈTE
de la
NOTATION MUSICALE
AU PIANO

PAR

A. M. AUZENDE

CAHIER N° 1
Clé de sol.

CAHIER N° 2
Clé de fa.

CAHIER N° 3
Notes aiguës de la Clé de sol.

CAHIER N° 4
Notes graves de la Clé de fa.

— **CAHIER N° 5** —

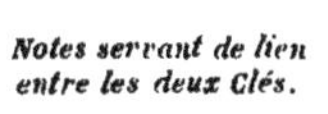

Notes servant de lien entre les deux Clés.

— **CAHIER N° 6** —

Réunion des deux Clés.

— Ma meilleure manière d'apprendre la musique était d'en copier... (Mémoires d'un auteur du dix-huitième siècle.) —

www.ingramcontent.com/pod-product-compliance
Ingram Content Group UK Ltd.
Pitfield, Milton Keynes, MK11 3LW, UK
UKHW020229180726
13838UKWH00005B/2286

9 782329 340043